Contenido

contenido

¿Por qué comida baja en grasa?

Si la grasa es un requerimiento general en la dieta diaria, ¿por qué reducir la cantidad que consumimos? Es un ingrediente esencial para que la comida sea agradable, entonces ¿por qué no aumentarla en lugar de reducirla?

Primero, no debemos tratar de eliminarla, sino reducir el consumo total pues una menor ingesta de grasa conlleva el beneficio de la pérdida de peso y disminuye el riesgo de padecer enfermedades cardiacas.

No todas las grasas son malas; existen dos tipos, las saturadas y las no-saturadas. Las no saturadas se dividen en dos grupos, grasas poli no-saturadas y mono no-saturadas.

Las grasas que hay que evitar son las saturadas pues aumentan el colesterol y son causa importante de enfermedades del corazón. Este tipo de grasas se encuentra en la carne, en los productos alimenti-

cios diarios, en la grasa de las verduras y de aceites hidrogenados.

Las grasas benéficas son las poli no-saturadas, son necesarias en pequeñas cantidades para gozar de buena salud, también ayudan a reducir el colesterol. Las fuentes principales de este tipo de grasas son los aceites vegetales como el girasol, el maíz y la soya; el pescado también tiene un alto contenido, por ejemplo el pez espada, la trucha y las sardinas; las aceitunas, el aguacate y varias nueces, además de los aceites de colza y de cacahuate.

Introducción

¿Qué es el colesterol?

Es una necesidad. Se produce de manera natural en la sangre y es esencial para la formación de hormonas, células, nervios y sales biliares que ayudan a la digestión.

Se da un alto nivel de colesterol cuando el cuerpo lo produce en grandes cantidades y comienza a depositarse en las paredes de las arterias; si no se le trata puede causar un bloqueo y por consiguiente, ocasionar alguna enfermedad cardiaca.

El consumo excesivo de grasas saturadas hace que el cuerpo produzca más colesterol del que necesita y evita que elimine el exceso.

ANÁLISIS NUTRICIONAL

Todas las recetas están explicadas de manera que muestran el contenido calórico y de grasas. Hay que recordar que no todo lo que consumimos es bajo en calorías o grasa y con alto contenido de fibra –el secreto de una dieta balanceada es equilibrar los alimentos, lo cual se facilita al usar el análisis nutricional como guía. Las recetas de este libro están clasificadas de acuerdo a los siguiente lineamientos:

GRASA

Clasificada en gramos por porción:

menos de 10 g / 1/3 oz	baja
10-20 g / 1/3-2/3 oz	media
más de 20 g / 2/3 oz	alta

Las recetas clasificadas como bajas, por lo general utilizan ingredientes principales bajos en grasa, entre los que se encuentran frutas y verduras; otros ingredientes son cereales y granos, pasta, arroz, pan, polenta, cous cous y harina. Los platillos requieren poco aceite, mantequilla o margarina y se preparan con pescado, carne magra o pollo sin la piel.

Las recetas clasificadas como medias incluyen los ingredientes mencionados anteriormente pero requieren un poco más de aceite, mantequilla o margarina e ingredientes como aguacate y nueces. Llevan productos como crema y queso bajos en grasa.

Las recetas clasificadas como altas incluyen los ingredientes mencionados anteriormente y más aceite, mantequilla o margarina; llevan masa (a excepción de la pasta fila), queso, no requieren carne magra, llevan pollo con piel y rinden más porciones

FIBRA

Clasificada en gramos/onzas por porción:

más de 5 g / 1/6 oz	alta
2-5 g / 1/15-1/6 oz	media
menos de 2 g / 1/15 oz	baja

Las recetas clasificadas como altas contienen variedades de salvado y variedades integrales de pan, harina y pasta; fruta y verduras como ingredientes principales. Las recetas clasificadas como medias llevan algunas verduras y frutas; usan pan, arroz, harina o pasta pero no necesariamente variedades integrales y utilizan nueces.

Las recetas clasificadas como bajas contienen muy pocos granos o nada, pan, frutas o verduras. Todas las recetas siguen los lineamientos internacionales de dieta, es decir, apoyan el consumo de frutas, panes, granos y cereales incluyendo variedades integrales y requieren pequeñas cantidades de ingredientes con alto contenido de grasa y azúcar.

Sopas y entradas

Sopa de zanahoria

y comino

- 1 cucharada de aceite de olivo
- 1 cebolla grande, picada
- 1 diente de ajo, machacado
- 3 tallos de apio, picados
- 1 cucharada de comino, molido
- 700 g / 25 oz de zanahorias, en rebanadas delgadas
- 900 ml / 32 oz de caldo de verduras
- pimienta negra
- cilantro fresco para decorar

1 Calentar el aceite en un sartén grande; añadir la cebolla, el ajo y el apio; sofreír durante 5 minutos o hasta que se suavice, revolver ocasionalmente; agregar el comino y freír (revolviendo) durante 1 minuto para que suelte el sabor.

2 Agregar las zanahorias, el caldo y la pimienta negra a la mezcla de cebolla; incorporar. Dejar que suelte el hervor y calentar (tapado) de 30 a 35 minutos hasta que las verduras estén suaves, revolver ocasionalmente.

3 Retirar el sartén del fuego y dejar enfriar unos minutos. Licuar la sopa; verterla en un sartén limpio y calentar un poco. Servir adornada con cilantro fresco.

*Nota: para añadir más sabor a esta sopa espesa agregar caldo fresco. Servir con pan naan.**

* Véase página 47.

Porciones *4* ***Tiempo de preparación*** *15 min*
Tiempo de cocción *45 min* ***Calorías*** *193* ***Grasa*** *<1 g*

Sopa de pimiento y jitomate

- 3 pimientos rojos o anaranjados, en mitades y sin semillas
- 1 cebolla, sin pelar y en mitades
- 4 jitomates, grandes
- 4 dientes de ajo, sin pelar
- 340 ml / 12 oz de caldo de pollo o de verduras
- 1 cucharada de puré de tomate
- sal y pimienta negra
- 2 cucharadas de perejil fresco, picado

1 Precalentar el horno a 200°C / 400°F. Colocar los pimientos y la cebolla (con el lado cortado hacia abajo), los jitomates enteros y el ajo sobre papel para hornear; hornear durante 30 minutos o hasta que estén suaves y tomen color café.

2 Dejar enfriar durante 10 minutos, pelarlos. Licuar las verduras, el ajo y la mitad del caldo en un procesador de alimentos hasta que esté suave.

3 Verter de nuevo al sartén, agregar el resto del caldo y el puré de tomate, dejar que suelte el hervor. Sazonar al gusto y espolvorear el perejil antes de servir.

Nota: esta sopa sabe tan buena como se ve. Servir con pan ciabatta, calentado en el horno.*

---

* Véase página 47.

Porciones *4* ***Tiempo de preparación*** *15 min más 10 min para enfriar*
Tiempo de cocción *35 min* ***Calorías*** *63* ***Grasa*** *en cantidades mínimas*

Pizzas de pan pita con espinacas y queso de cabra

- 115 g / 4 oz de jitomates deshidratados en aceite,* colados (reservar 2 cucharadas del aceite)
- 2 cucharadas de puré de tomate
- 1 diente de ajo, picado
- 2 cucharaditas de tomillo fresco, picado, o 1/2 cucharadita de tomillo seco
- 200 g / 7 oz de espinacas baby
- 6 panes pita
- 6 jitomates cherry, en cuartos
- 100 g / 3 1/2 oz de queso de cabra, rebanado
- 1 cucharada de semillas de ajonjolí

* Se compran en tiendas gourmet.

Porciones *6* **Tiempo de preparación** *15 min* **Tiempo de cocción** *15 min* **Calorías** *203* **Grasa** *3 g*

1 Precalentar el horno a 230°C/ 450°F. Licuar los jitomates deshidratados, el puré de tomate y el ajo hasta formar un puré; agregar el tomillo.

2 Colocar agua en una cacerola y dejar que suelte el hervor, sumergir las espinacas y refrescarlas en un recipiente con agua fría; colar y esparcir encima los jitomates deshidratados.

3 Esparcir el puré de jitomate y ajo sobre el pan pita y colocar encima las espinacas; acomodar los jitomates cherry, el queso y las semillas de ajonjolí; cocer durante 10 min o hasta que el queso se derrita un poco y comience a dorarse.

Nota: estas pequeñas pizzas son rápidas de hacer; agregar otros ingredientes como anchoas, salami, pimientos rojos o aceitunas.

Ensalada Waldolf con

170 g / 6 oz de col morada, finamente picada

4 tallos de apio, rebanados

145 g / 5 oz de queso roquefort, cortado en cubos de 1cm / 1/2 in

85 g / 3 oz de uvas moradas, sin semillas y en mitades

2 manzanas rojas, descorazonadas y picadas

1 lechuga romana, deshojada

1/2 cucharadita de semillas de amapola

Para el aderezo:

145 g / 5 oz de yogurt natural, bajo en grasa

2 cucharadas de mayonesa, baja en grasa

1 cucharadita de jugo de limón o vinagre de vino tinto

pimienta negra

1 Para hacer el aderezo: mezclar el yogurt, la mayonesa, el jugo de limón o vinagre, y sazonar. En un recipiente grande mezclar la col, el apio, el queso, las uvas y las manzanas; revolver con el aderezo.

2 Colocar las hojas de lechuga en platos y poner encima la mezcla de col y queso; espolvorear las semillas de amapola antes de servir.

Nota: el aderezo puede ser sustituido por aderezo para ensalada César, ya preparado.

Porciones 4 **Tiempo de preparación** 15 min **Calorías** 240 **Grasa** 14 g

queso roquefort

Sopa de jitomates, lentejas y albahaca

- 85 g / 3 oz de lentejas
- 1 kg / 35 oz de jitomates
- 1 cucharada de aceite de olivo
- 2 cebollas, picadas
- 2 cucharadas de puré de jitomates deshidratados
- 750 ml / 26 oz de caldo de verduras
- 1 hoja de laurel
- pimienta negra
- 3 cucharadas de albahaca fresca, unas hojas extra para adornar

1 Enjuagar las lentejas y colocarlas en una cacerola con agua hirviendo, tapar y calentar durante 25 minutos o hasta que estén suaves; colar y enjuagar; apartar.

2 Colocar los jitomates en un recipiente, cubrirlos con agua hirviendo, remojar durante 30 segundos y colar; pelarlos, quitarles las semillas y picarlos. Calentar el aceite en un sartén grande, agregar las cebollas y cocer durante 10 minutos o hasta que estén suaves, revolver ocasionalmente; agregar los jitomates, el puré de jitomate, el caldo, la hoja de laurel y la pimienta negra; dejar que suelte el hervor, tapar y dejar calentar durante 25 minutos (revolver ocasionalmente) o hasta que las verduras estén cocidas.

3 Retirar el sartén del fuego y dejar enfriar durante unos minutos; quitar la hoja de laurel, licuar la sopa hasta que esté suave; verterla en un sartén limpio, añadir las lentejas y la albahaca, calentar un poco. Servir adornada con albahaca fresca.

Nota: la combinación de albahaca y jitomates maduros da a esta sopa un aroma único.

Porciones *4* ***Tiempo de preparación*** *30 min*
Tiempo de cocción *40 min* ***Calorías*** *321* ***Grasa*** *<1 g*

Sopa de berros

1 cucharada de aceite de girasol
4 chalotes, finamente picados
1 puerro, en rebanadas delgadas
225 g / 8 oz de papas, en cuadritos
225 g / 8 oz de berros, picados
425 ml / 15 oz de caldo de verduras
425 ml / 15 oz de leche semidescremada
pimienta negra

1 Calentar el aceite en una cacerola grande, agregar los chalotes y el puerro, cocer a fuego lento durante 5 minutos o hasta que estén suaves, revolver ocasionalmente; añadir las papas y los berros a la mezcla de los chalotes y cocer por 3 minutos más o hasta que los berros se marchiten.

2 Añadir el caldo, la leche y la pimienta negra; dejar que suelte el hervor, reducir la flama, tapar y dejar calentar durante 20 minutos o hasta que las papas estén cocidas y suaves, revolver ocasionalmente.

3 Retirar del fuego y dejar enfriar durante unos minutos. Licuar la sopa hasta que esté suave; colocarla en una cacerola limpia y calentar a fuego lento hasta que esté muy caliente. Sazonar con pimienta negra molida y servir.

Nota: para variar se puede usar espinaca picada en lugar de berros.

Porciones *4* ***Tiempo de preparación*** *15 min*
Tiempo de cocción *35 min* ***Calorías*** *186* ***Grasa*** *<1 g*

Bruschetta

Porciones *4* **Tiempo de preparación** *15 min*
Tiempo de cocción *15 min* **Calorías** *297* **Grasa** *2 g*

de verduras

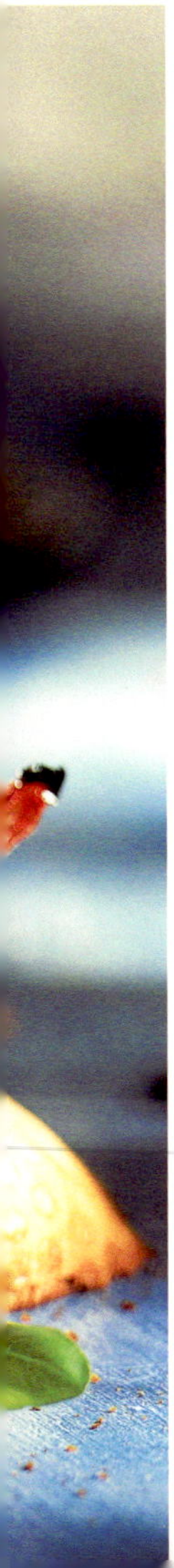

- 1 pimiento rojo o amarillo, sin semillas y cortado en tiras
- 1 calabaza zucchini, en mitades y en rebanadas delgadas a lo largo
- 1 cebolla morada, en rebanadas delgadas
- 2 jitomates grandes, rebanados
- 3 cucharadas de aceite de olivo extra virgen
- 2 cucharaditas de semillas de mostaza
- pimienta negra
- 1 pan ciabatta o baguette, cortado en 8 rebanadas
- 1 diente de ajo, en mitades
- 8 aceitunas negras, sin semilla y en rebanadas delgadas
- albahaca fresca para decorar

1 Precalentar la parrilla a intensidad alta y forrar la rejilla con papel aluminio. En un recipiente colocar el pimiento, la calabaza, la cebolla y los jitomates. Batir 2 cucharadas de aceite, las semillas de mostaza y la pimienta; verter esta mezcla sobre las verduras y bañarlas bien.

2 Acomodar las verduras en una capa sobre la rejilla forrada y asar durante 3 ó 4 minutos por lado, hasta que estén ligeramente doradas; apartar y mantenerlas calientes.

3 Tostar las rebanadas de pan por ambos lados en la parrilla; mientras estén calientes frotar el ajo por un lado de cada rebanada. Repartir las verduras entre las rebanadas, apilándolas sobre el lado con ajo, acomodar las aceitunas y bañar con el resto del aceite. Adornar con albahaca fresca y servir.

Nota: el ajo sobre el pan da un sabor dulce y resalta el sabor de las verduras a la parrilla.

Porciones *6*
Tiempo de preparación *15 min*
Calorías *103*
Grasa *<3 g*

- 4 jitomates grandes, en rebanadas delgadas
- 1 cebolla morada, en rebanadas delgadas
- sal y pimienta negra
- 2 cucharadas de albahaca fresca, picada

Ensalada de jitomate y cebolla con aderezo de queso de cabra

Aderezo:

- 85 g / 3 oz de queso de cabra tipo feta, en moronas
- 3 cucharadas de yogurt natural
- 2 cucharadas de aceite de olivo extra virgen
- 1 cucharada de vinagre de vino blanco

1 Acomodar la cebolla y los jitomates en un platón para servir y sazonar con sal y pimienta.

2 Licuar el queso, el yogurt, el aceite y el vinagre hasta que estén suaves; verter la mezcla sobre los jitomates y espolvorear con la albahaca.

Nota: los jitomates, la cebolla y un poco de albahaca son los ingredientes necesarios para una ensalada perfecta, además del toque que le añade la mezcla cremosa de queso de cabra tipo feta, yogurt y el aceite de olivo.

Platillo
de salmón ahumado

Porciones *4* **Tiempo de preparación** *10 min*
Tiempo de cocción *15 min* **Calorías** *164* **Grasa** *< 1 g*

285 g / 10 oz de papas pequeñas
sal y pimienta negra
24 espárragos enteros, delgados
1 cucharada de eneldo, machacado y un poco más para decorar
100 ml / 3 1/2 oz de crème fraîche*
170 g / 6 oz de salmón ahumado, en rebanadas delgadas

* Véase página 47.

1 Cocer las papas en agua hirviendo con sal durante 15 minutos o hasta que estén suaves; colar bien.

2 Cortar el extremo duro de los espárragos; cocer los espárragos en agua hirviendo con sal durante 3 ó 4 minutos hasta que comiencen a suavizarse; colar bien.

3 Mezclar el eneldo con la crème fraîche, sazonar al gusto. Acomodar las papas y los espárragos en los platos, colocar encima las rebanadas de salmón; espolvorear un poco de pimienta molida y adornar con eneldo. Servir con un poco de crème fraîche.

Sopa de frijoles y pan

- 1/2 hogaza de pan ciabatta*
- 3 cucharadas de aceite de olivo
- 3 cebollas, picadas
- 3 dientes de ajo, machacados
- 800 g / 1 lb 4 oz de tomate, picados
- 400 g / 14 oz de frijoles
- 600 ml / 21 oz de caldo de verduras
- sal y pimienta negra
- albahaca fresca para decorar

* Véase página 47.

1 Precalentar el horno a 150°C/ 300°F. Cortar el pan en cuadritos y colocarlos en el horno durante 10 minutos para secarlos.

2 En una cacerola calentar el aceite de olivo, añadir las cebollas y el ajo, cocer durante 3 ó 4 minutos hasta que estén suaves; agregar el puré, los frijoles y el caldo; dejar que suelte el hervor y calentar durante 2 minutos.

3 Incorporar el pan, dejar que suelte el hervor y calentar durante 5 minutos más; sazonar y servir adornada con la albahaca.

Nota: esta deliciosa sopa italiana se espesa por el pan ciabatta, de manera que no es recomendable prepararla con pan fresco.

Porciones *4* **Tiempo de preparación** *10 min*
Tiempo de cocción *2 min* **Calorías** *390* **Grasa** *<2 g*

Platos fuertes

Risotto con mariscos y brócoli

Porciones *4* **Tiempo de preparación** *15 min*
Tiempo de cocción *45 min* **Calorías** *434* **Grasa** *<2 g*

1 cucharada de aceite de girasol

6 chalotes, picados

1 diente de ajo, picado

1 pimiento rojo o amarillo, sin semillas y cortado en cuadritos

225 g / 8 oz de arroz de grano largo

510 ml / 18 oz de caldo de verduras

225 g / 8 oz de champiñones, rebanados

255 ml / 9 oz de vino blanco seco

400 g / 14 oz de mariscos precongelados

225 g / 8 oz de brócoli, despedazado

2 cucharadas de perejil liso, picado

pimienta negra

1 Calentar el aceite en una sartén grande, agregar los chalotes, el ajo y los pimientos; cocer durante 5 minutos, revolver ocasionalmente, o hasta que estén suaves; agregar el arroz y cocinar durante 1 minuto; revolver bien para que el aceite lo cubra.

2 En una cacerola hervir el caldo. Agregar los champiñones, el vino y el caldo al arroz; dejar que suelte el hervor y calentar a fuego lento, sin tapar y revolviendo constantemente, durante 15 minutos o hasta que la mayoría del líquido se haya absorbido; agregar otros 200 ml / 7 oz del caldo y dejar cocinar durante 15 minutos más o hasta que el líquido se consuma, revolver constantemente.

3 Añadir los mariscos y casi todo el caldo, revolver durante 5 minutos más o hasta que el arroz esté cocido y firme; agregar el resto del caldo si los mariscos no se han cocido. Hervir en agua el brócoli durante 3 minutos o hasta que esté suave; escurrir, revolver en el arroz junto con el perejil y sazonar con pimiento.

Filetes de cerdo con manzanas

Porciones *4* **Tiempo de preparación** *15 min*
Tiempo de cocción *1 hr 30 min* **Calorías** *254* **Grasa** *2 g*

- 1 cucharada de aceite de girasol
- 4 filetes (o medallones) de cerdo, aproximadamente de 100 g / 3 1/2 oz cada uno
- 4 chalotes, en rebanadas delgadas
- 170 g / 6 oz de champiñones, rebanados
- 1 cucharada de harina
- 200 ml / 7 oz de caldo de verduras
- 100 ml / 3 1/2 oz de sidra seca
- 2 cucharaditas de mostaza dijón
- pimienta negra
- 2 manzanas grandes, peladas, descorazonadas y rebanadas
- perejil de hoja lisa para decorar

1 Precalentar el horno a 180°C/ 350°F. Calentar el aceite en un sartén de teflón; agregar el cerdo y cocer durante 5 minutos o hasta que se dore (voltear una vez) y colocarlo en un platón.

2 Colocar los chalotes y los champiñones en el sartén, freír a fuego lento durante 5 minutos o hasta que se suavicen; agregar el harina y cocer durante 1 minuto, revolviendo; agregar poco a poco la sidra y el caldo, revolver hasta que la mezcla esté suave y añadir la mostaza y la pimienta; dejar que suelte el hervor y continuar revolviendo de 2 a 3 minutos hasta que espese.

3 Colocar las manzanas sobre la carne y verter la salsa; tapar y hornear de 1 a 1/horas hasta que la carne esté tierna y bien cocida; adornar con perejil fresco.

Nota: el sabor de la carne de cerdo combina muy bien con las manzanas cocidas, la sidra aumenta el sabor de las manzanas.

Pollo Maryland

Porciones *4* ***Tiempo de preparación*** *15 min*
Tiempo de cocción *25 min* ***Calorías*** *306* ***Grasa*** *1 g*

- 1 cucharada de aceite vegetal
- 4 filetes de pechuga de pollo, sin piel y deshuesadas
- 8 cucharadas de harina
- 1/2 cuchadita de páprika
- 1/4 de cucharadita de pimienta de cayena ó 1/2 cucharadita de polvo de mostaza
- sal y pimienta negra
- 1 huevo mediano
- 85 g / 3 oz de pan molido

1 Precalentar el horno a 200°C / 400°F. Engrasar con el aceite una charola para rostizar. Enjuagar las pechugas bajo el chorro de agua y secar con toallas de papel.

2 En un platón mezclar bien el harina, la páprika, la mostaza o pimienta, la sal y la pimienta.

3 Colocar el huevo en una cacerola y batirlo con un tenedor. Colocar el pan molido en otra cacerola y sazonar con sal y pimienta.

4 Revolcar las pechugas en el harina, quitar el excedente; remojarlas en el huevo batido, una a una y revolcarlas en el pan hasta que estén bien cubiertas.

5 Colocar las pechugas en la charola; hornear en el centro del horno durante 25 minutos o hasta que la cubierta esté crujiente y el pollo cocido (debe soltar jugo al picarlo en la parte más gruesa con un palillo o tenedor).

El pan molido hace que el pollo Maryland tenga tan buen sabor como el pollo frito, pero es más fácil de cocer y más saludable. Servir caliente con ensalada o papas. También puede servirse frío.

Nota: para hacer el pan molido, precalentar el horno a 160°C/ 325°F. Hornear las rebanadas de pan en una charola para hornear (en el piso inferior del horno) de 20 a 30 minutos hasta que estén crujientes y doradas; dejar enfriar y moler con un rodillo.

Filetes
de res a la pimienta con

2 cucharadas de granos de pimienta mixtos

4 filetes de res, de 115 g / 4 oz cada uno, sin grasa

perejil fresco para decorar

Salsa:

3 jitomates

2 cucharadas de jugo de jitomate

2 cucharadas de aceite de olivo

1 cebolla morada, finamente picada

2 cucharaditas de crema de rábano*

1 cucharada de perejil fresco, picado

pimienta negra

* Véase página 47.

1 Colocar los jitomates en un recipiente, cubrirlos con agua hirviendo durante 30 segundos; colar, quitar la piel, las semillas y picarlos. Colocar la piel en un recipiente junto con el caldo de jitomate 1 cucharada del aceite, la cebolla, la crema de rábano, el perejil y la pimienta negra y mezclar bien; tapar y apartar durante 1 hora.

2 Precalentar la parrilla a intensidad media. Moler los granos de pimienta. Barnizar toda la superficie de los filetes con el resto del aceite y cubrirlos con los granos molidos.

3 Colocar los filetes en la parrilla y cocer de 4 a 5 minutos por lado, hasta que estén dorados y cocidos al gusto. Servir con la salsa de cebolla morada y adornar con perejil fresco.

Porciones *2* **Tiempo de preparación** *15 min más 1 hr para reposar*
Tiempo de cocción *15 min* **Calorías** *226* **Grasa** *2 g*

salsa de cebolla morada

Asado de verduras

1 cebolla, rebanada
12 puerros, rebanados
2 tallos de apio, picados
2 zanahorias, en rebanadas delgadas
1 pimiento rojo, sin semillas y rebanado
510 g / 18 oz de tubérculos como camote, chirivia y nabo, en cuadritos
170 g / 6 oz de champiñones, rebanados
400 g / 14 oz de puré de tomate
6 cucharadas de sidra seca
1 cucharadita de tomillo seco
1 cucharadita de orégano seco
pimienta negra
perejil y cilantro para adornar

1 Precalentar el horno a 180°C / 350°F. En un refractario para horno colocar la cebolla, el puerro, el apio, las zanahorias, el pimiento, los tubérculos y los champiñones y mezclar bien; agregar el puré, la sidra, el tomillo, el orégano y la pimienta negra.

2 Tapar y hornear en el centro del horno de 1 a 1 1/4 horas hasta que las verduras estén bien cocidas y suaves, revolver una o dos veces. Adornar con las hierbas.

Nota: servir con pan caliente.

Porciones *4* **Tiempo de preparación** *10 min*
Tiempo de cocción *1 hr 15 min* **Calorías** *221* **Grasa** *en cantidades mínimas*

Brochetas

de cordero y pimiento con salsa de chile

145 ml / 5 oz de vino tinto

1 cucharada de aceite de olivo

jugo de 1/2 limón

1 cucharada de romero fresco, picado

pimienta negra

340 g / 12 oz de pierna de cordero, magra y sin hueso, cortada en 12 cuadros

1 pimiento rojo, sin semillas y cortado en 8 cuadros

1 pimiento amarillo, sin semillas y cortado en 8 cuadros

16 champiñones

Salsa:

400 g / 14 oz de jitomate picado

100 ml / 3 1/2 oz de caldo de verduras

1 cebolla pequeña, finamente picada

1 chile verde, sin semillas y finamente picado

1 cucharada de puré de tomate

1 diente de ajo, machacado

Porciones *4*
Tiempo de preparación *20 min más 2 hr de marinada*
Tiempo de cocción *20 min*
Calorías *218*
Grasa *2 g*

1 En un recipiente de cristal mezclar 4 cucharadas de vino tinto, el aceite, el jugo de limón, el romero y la pimienta negra; agregar la carne de cordero y bañarla con la salsa; tapar y refrigerar durante 2 horas.

2 Precalentar la parrilla a intensidad alta. Colocar la carne, los pimientos y los champiñones en 4 brochetas de metal (en partes iguales). Reservar la marinada.

3 En una cacerola colocar los jitomates, el caldo, la cebolla, el chile, el puré de tomate, el ajo, la pimienta negra y el resto del vino, revolver; dejar que suelte el hervor y calentar a fuego lento, sin tapar, de 15 a 20 minutos hasta que la salsa se espese, revolver ocasionalmente. Asar las brochetas de 12 a 18 minutos hasta que el cordero esté suave, voltear y bañar con la marinada. Servir con la salsa de chile.

Pato con piña

Porciones *4* **Tiempo de preparación** *20 min más 20 min para marinar*
Tiempo de cocción *10 min* **Calorías** *179* **Grasa** *<2 g*

- 2 pechugas de pato (de 170 g / 6 oz cada una), sin piel y cortadas en tiras
- 1 cucharadita de polvo de 5 especias*
- 2 cucharadas de salsa de soya
- 2 cucharadas de sake o sherry seco
- 1 cucharadita de azúcar
- 1 cucharada de aceite de cacahuate
- 1 pimiento rojo o anaranjado, sin semillas y cortado en tiras delgadas.
- 5 cm / 2 in de raíz de jengibre fresco, cortada en tiras
- 2 cebollas de cambray (rabos separados), ralladas
- 170 g / 6 oz de piña fresca, cortada en trozos pequeños, guardar el jugo
- sal

* Véase página 47.

1 En un recipiente de cristal colocar el pato, las especias, la salsa de soya, el sake o sherry y el azúcar; tapar y marinar durante 20 min.

2 Calentar el aceite en un sartén. Quitar el pato de la marinada y reservar. Sofreír el pato a fuego alto durante 2 minutos; añadir el pimiento, el jengibre y las cebollas de cambray, sofreír de 3 a 4 minutos más hasta que el pimiento comience a suavizarse.

3 Añadir la piña y el jugo a la marinada. Sofreír de 1 a 2 minutos; sazonar con la sal si es necesario. Servir de inmediato, espolvorear con los tallos de la cebolla de cambray.

Nota: servir con fideos hervidos o con arroz.

Cous cous de verduras

Porciones *4* **Tiempo de preparación** *25 min*
Tiempo de cocción *30 min* **Calorías** *580* **Grasa** *en cantidades mínimas*

- 3 jitomates guajillo
- 30 g / 1 oz de mantequilla
- 1 cebolla grande, rebanada a lo largo
- 2 zanahorias, cortadas en mitades al lo largo y en rebanadas diagonales
- 2 tallos de apio, rebanados
- 300 g / 10 1/2 oz de calabaza, sin semillas y cortada en cubos de 2 cm / 3/4 in
- 1 pimiento verde, picado y sin semillas
- 1/2 cucharadita de chile seco,* machacado
- 300 ml / 10 1/2 oz de caldo de verduras
- 400 g / 14 oz de cous cous
- 400 g / 14 oz de garbanzos o habas, colados
- sal y pimienta negra

* Véase página 47.

1 Colocar los jitomates en un refractario y cubrirlos con agua hirviendo, reposar durante 30 segundos, pelar y picar.

2 Derretir la mantequilla en una cacerola y freír la cebolla, las zanahorias, el apio, la calabaza y la pimienta de 3 a 4 minutos, revolver constantemente, hasta que se suavice; agregar el chile, los jitomates y tapar durante 5 minutos, agitar la cacerola de vez en cuando; agregar el caldo, tapar y dejar calentar durante 20 minutos o hasta que todas las verduras estén suaves.

3 Preparar el cous cous según las instrucciones del paquete. Añadir los garbanzos o habas a las verduras, sazonar y dejar calentar a fuego lento durante 5 minutos o hasta que esté bien caliente. Servir las verduras encima del cous cous.

Nota: una variante es agregar pasas y espolvorear canela para obtener un sabor dulce.

Filetes
de pavo con salsa de mostaza

Porciones *4* **Tiempo de preparación** *10 min*
Tiempo de cocción *15 min* **Calorías** *238* **Grasa** *2 g*

- 1 cucharada de aceite de olivo
- 4 pechugas de pavo (115 g / 4 oz cada una), sin piel y sin hueso

Salsa:

- 15 g / 1/2 oz de mantequilla
- 15 g / 1/2 oz de harina
- 300 ml / 10 1/2 oz de leche semi-descremada
- 1-2 cucharadas de granos de mostaza
- pimienta negra
- hierbas frescas como albahaca, cebollín o cilantro para adornar

1 Calentar el aceite en un sartén de teflón, agregar el pavo y cocer durante 15 minutos o hasta que esté suave y un poco dorado, voltear una vez.

2 Derretir la mantequilla en un sartén; agregar el harina y sofreír durante 1 minuto, revolviendo; retirar del fuego y añadir la leche poco a poco, revolver hasta que se suavice.

3 Colocar el sartén al fuego y calentar a fuego lento, revolver constantemente hasta que la salsa se espese; calentar a fuego lento durante 2 minutos, revolviendo; agregar la mostaza y la pimienta negra.

4 Verter la salsa de mostaza sobre el pavo y servir adornado con hierbas frescas.

Bacalao con limón y

- ralladura y jugo de 1 lima
- jugo de 1/2 limón
- 1 cucharada de aceite de olivo
- 1 cucharadita de miel
- 1 cucharada de estragón fresco, picado
- 1 cucharada de perejil fresco, picado
- pimienta negra
- 4 filetes de bacalao, de 170 g / 6 oz cada uno
- estragón fresco y rebanadas de lima para decorar

1 Precalentar el horno a 200°C/ 400°F. En un recipiente pequeño colocar la ralladura y el jugo de lima, el jugo de limón, el aceite de olivo, la miel, el estragón y la pimienta negra, mezclar bien.

2 Colocar el bacalao en un platón para horno y verter la mezcla de lima, cubrir el platón con papel aluminio (no muy justo) y asegurarse que no toque la comida; hornear durante 20 minutos o hasta que el pescado esté suave y comience a dorarse; decorar con el estragón fresco y las rebanadas de lima.

El bacalao es bajo en calorías y grasa, es una excelente fuente de proteínas. Hay que ser cuidadoso al cocerlo pues freír en exceso una porción de bacalao aumenta las calorías al triple.

Nota: servir con papas y zanahorias baby.

Porciones *4* **Tiempo de preparación** *10 min*
Tiempo de cocción *20 min* **Calorías** *178* **Grasa** *en cantidades mínimas*

al horno

hierbas frescas

Tortas de carne de res y zanahoria

Porciones 4 **Tiempo de preparación** 15 min
Tiempo de cocción 15 min **Calorías** 382 **Grasa** 1 g

- 455 g / 16 oz de carne de res, magra y molida
- 2 zanahorias, ralladas
- 85 g / 3 oz de champiñones, finamente picados
- 1 cebolla grande o 3 chalotes, finamente picados
- 55 g / 2 oz de pan integral molido
- 2 cucharadas de puré de tomate
- 1 huevo mediano, ligeramente batido
- 1 diente de ajo, machacado
- 2 cucharaditas de comino, molido
- 2 cucharaditas de cilantro, molido
- 1 cucharadita de chile en polvo
- pimienta negra

1 Precalentar la parrilla a intensidad media. Mezclar muy bien todos los ingredientes.

2 Con la mezcla, formar 4 tortas planas y redondas; asar de 10 a 15 minutos hasta que las tortas estén un poco doradas y cocidas al gusto, voltearlas una vez.

Nota: servir con bollos integrales y hojas de ensalada, jitomate y aderezo.

Ensalada
de atún y pasta

- 225 g / 8 oz de pasta integral, seca
- 4 cebollas de cambray, rebanadas y extra para adornar
- 1 pimiento amarillo, sin semillas y en cubitos
- 15 g / 4 oz de chícharos
- 200 g / 6 oz de elotes de lata, colados
- 170 g / 6 oz de atún enlatado en agua, colado y desmenuzado

Aderezo:

- 5 cucharadas de passata*
- 1 cucharada de aceite de olivo, extra virgen
- 2 cucharaditas de vinagre balsámico
- pizca de azúcar blanca
- 2 cucharadas de albahaca fresca, picada
- pimienta negra

* Véase página 47.

1 Cocer la pasta según las instrucciones del paquete hasta que esté al dente, colar y enjuagar bajo el chorro de agua fría para enfriarla, colar por completo; colocarla en un platón para servir.

2 Para hacer el aderezo incorporar la passata, el aceite de olivo, el vinagre, el azúcar, la albahaca y la pimienta negra; verter el aderezo sobre la pasta y revolver bien.

3 Agregar a la pasta las cebollas rebanadas, el pimiento amarillo, los chícharos, los elotes y el atún; adornar con las tiras extra de cebolla.

Porciones *4* ***Tiempo de preparación*** *15 min*
Tiempo de cocción *15 min* ***Calorías*** *369* ***Grasa*** *< 1 g*

Brochetas

de pollo cajún

3 pechugas grandes de pollo, cortadas en trozos de 2 1/2 cm / 1 in

sal y pimienta negra

aceite de olivo para barnizar

Marinada:

3 cucharadas de mostaza dijón

3 cucharadas de miel

1 cucharada de aceite de olivo

2 cucharadas de catsup

1/2 cucharadita de salsa Tabasco

1 diente de ajo, machacado

1/2 cucharadita de tomillo seco

3 hojas de albahaca, finamente picadas y extra para adornar

Salsa de durazno:

3 duraznos, naturales o de lata

75 ml / 3 oz de yogurt natural

1 cucharadita de jugo de limón

1 Para hacer la marinada, en un recipiente de vidrio mezclar la mostaza, la miel, el aceite, la catsup, la salsa Tabasco, el ajo, el tomillo y la albahaca. Si las brochetas son de madera, remojarlas durante 10 minutos en agua.

2 Sazonar el pollo con un poco de sal y pimienta; encajarlo en las brochetas; colocarlas en la marinada y bañarlas bien; tapar y refrigerar durante 1 hora, voltear ocasionalmente.

3 Para la salsa de durazno: si se usan duraznos naturales remojarlos durante 30 segundos en agua hirviendo; quitar la piel, el hueso y picar la carne. Mezclarlos con el yogurt y el jugo de limón, sazonar con pimienta negra; tapar y refrigerar hasta usarse.

4 Precalentar la parrilla a intensidad alta. Colocar las brochetas en la parrilla, barnizarlas con la mitad de la marinada y cocer durante 6 minutos; voltearlas, barnizarlas con el resto de la marinada y cocer de 2 a 3 minutos más hasta que el pollo esté suave y bien cocido. Servir con la salsa y adornar con albahaca.

Porciones *6* ***Tiempo de preparación*** *25 min más 1 hr para marinar*
Tiempo de cocción *10 min* ***Calorías*** *321* ***Grasa*** *<2 g*

3 Postres

Fruta con miel y yogurt de vainilla

Porciones *4-6* **Tiempo de preparación** *15 min*
Tiempo de cocción *20 min* **Calorías** *268* **Grasa** *<2 g*

3 cucharadas de miel

2 cucharadas de jugo de manzana, sin azúcar

1 cucharadita de especias mixtas, molidas

1 mango

1 piña pequeña, pelada, descorazonada y en rebanadas

2 manzanas, peladas, descorazonadas y en rebanadas

2 peras, peladas, sin semillas y en rebanadas

315 g / 11 oz de yogurt bajo en calorías

unas cuantas gotas de extracto o esencia de vainilla

1 Precalentar la parrilla a intensidad alta. En un recipiente mezclar 2 cucharadas de miel, el jugo de manzana y las especias. Pelar el mango y separar la carne del hueso.

2 Forrar la rejilla de la parrilla con papel aluminio y acomodar la mitad del mango, de las piñas y de las rebanadas de pera; bañar con la mitad de la mezcla de miel; asar durante 10 minutos hasta que estén un poco suaves, voltear la fruta una vez. Mantenerlas calientes mientras se hace lo mismo con el resto de la fruta y de la salsa de miel.

3 En un recipiente mezclar bien el yogurt, el extracto o esencia de vainilla y el resto de la miel. Servir la fruta caliente con el yogurt de vainilla.

Nota: la fruta bañada con miel y asada es deliciosa también si se sirve con helado de vainilla

Brulee de mango y mascarpone

Porciones *6* **Tiempo de preparación** *15 min*
Tiempo de cocción *5 min* **Calorías** *202* **Grasa** *<3 g*

- 4 mangos grandes
- 255 g / 9 oz de queso mascarpone
- 200 g / 7 oz de yogurt
- 1 1/2 cucharadita de jengibre fresco, molido
- ralladura fina y el jugo de 1 lima
- 1 cucharada de ron blanco o añejo (opcional)
- 6 cucharadas de azúcar moscabada
- 20 g / 2/3 oz de mantequilla sin sal
- menta fresca para decorar (opcional)

1 Pelar los mangos, separar la carne del hueso y picarla, guardar el jugo en un recipiente.

2 Mezclar el mascarpone y el yogurt; incorporar el jengibre, la ralladura, el jugo de lima y el ron.

3 Colocar el mango y el jugo en un recipiente hondo para hornear o dividir en 6 recipientes pequeños para horno; verter la mezcla de mascarpone, espolvorear con azúcar y colocar la mantequilla encima; refrigerar hasta servir.

4 Precalentar la parrilla a intensidad alta. Asar el postre de 4 a 5 minutos en el recipiente grande o de 1 a 2 minutos en los recipientes individuales hasta que esté dorado y haga burbujas. Dejar enfriar de 1 a 2 minutos y decorar con la menta.

Ensalada

Porciones *4* **Tiempo de preparación** *20 min más 1 hr de refrigeración*
Tiempo de cocción *40 min* **Calorías** *125* **Grasa** *en cantidades mínimas*

de melón y toronja

- 1 melón mediano ó 2 pequeños
- 2 toronjas rosadas
- 8 cucharadas de jugo fresco de naranja, sin azúcar
- 1 cucharada de licor de naranja (cointreau)
- menta fresca para adornar

1 Cortar el melón en gajos y quitar las semillas, cortar la carne o separarla con una cuchara; colocarla en un platón para servir.

2 Rebanar la parte superior y la inferior de las toronjas y colocarlas sobre la mesa de trabajo; con un cuchillo de sierra pequeño quitar la cáscara, siguiendo la curva; colocar las toronjas en un recipiente y cortarlas en gajos; colocar los gajos y el jugo junto con el melón.

3 Verter el jugo de naranja y el ron y mezclar con la fruta; tapar y refrigerar durante 1 hora antes de servir; adornar con la menta fresca.

Nota: este platillo puede usarse como entrada fría; el toque de licor aumenta el sabor dulce de la fruta.

Helado

de yogurt de frambuesa

- 340 g / 12 oz de frambuesas descongeladas
- 55 g / 2 oz de azúcar blanca
- 300 g / 10 1/2 oz de yogurt de frambuesa, sin grasa
- 115 g / 4 oz de yogurt natural, sin grasa
- menta fresca y frambuesas para decorar

1 Colocar las frambuesas en un procesador de alimentos o licuar hasta que estén suaves; pasarlas por un cernidor y colocar en un bowl, eliminar las semillas, añadir el azúcar y mezclar bien.

2 Añadir el yogurt de frambuesa y el natural; verter la mezcla en un recipiente para congelar, tapar y congelar durante 2 horas. Mientras, colocar un recipiente vacío a congelar.

3 Verter la mezcla de frambuesa al recipiente congelado y batir con un tenedor hasta que esté suave y no tenga cristales de hielo; colocar de nuevo en el bowl, tapar y congelar durante 4 horas hasta que esté firme.

4 Pasar al refrigerador 30 minutos antes de servir. Servir decorado con menta fresca y frambuesas.

Nota: una deliciosa variante es usar fresas y yogurt de fresa.

Porciones *4*
Tiempo de preparación *15 min más 6 hr para congelar y 30 min para refrigerar*
Calorías *183*
Grasa *<1 g*

Peras

pochadas con queso azul

100 ml / 3 1/2 oz de oporto
6 cucharadas de azúcar
6 peras, sin corazón y peladas
jugo de 1/2 limón
100 g / 3 1/2 oz de blue cheesee
2 cucharadas de queso crema, bajo en grasa
1 cucharada de crema o yogurt natural
pimienta negra

1 Colocar 600 ml / 1 pinta de agua en una cacerola grande; agregar el oporto y el azúcar y dejar que suelte el hervor. Barnizar las peras con un poco de jugo de limón, colocarlas paradas sobre el líquido (las bases deben estar bien cubiertas). Cocer de 10 a 15 minutos hasta que estén suaves, bañar de vez en cuando las peras con el líquido; dejar enfriar de 1 a 2 minutos y colocarlas en un plato.

2 Hervir el líquido de 10 a 15 minutos hasta que se reduzca a dos tercios, dejar enfriar durante 2 minutos e incorporar el jugo de limón restante.

3 Aplastar el blue cheesee con un tenedor y mezclar con el queso crema o yogurt; sazonar con pimienta. Con una cuchara de mango largo rellenar las peras con la mezcla del queso; colocar un poco del jarabe en platos para servir y colocar una pera en el centro, bañar con una cucharada de jarabe.

Nota: este delicioso postre puede prepararse con anticipación y refrigerarse, antes de servir dejarlo a temperatura ambiente.

Porciones *6* **Tiempo de preparación** *15 min más 5 min para enfriar*
Tiempo de cocción *30 min* **Calorías** *227* **Grasa** *3.5 g*

Fresas

congeladas con albahaca y pimienta

- 600 g / 21 oz de fresas frescas, sin cabito y en mitades a lo largo (si son grandes)
- azúcar glass para espolvorear
- 145 ml / 5 oz de vino blanco dulce
- 1 cucharada de vinagre balsámico (opcional)
- 1/2 cucharadita de extracto de vainilla natural
- 12 hojas de albahaca fresca
- pimienta negra

1 Colocar las fresas en un recipiente; espolvorear un poco de azúcar, bañar con el vino, el vinagre y el extracto de vainilla; revolver un instante, esparcir la mitad de las hojas de albahaca; refrigerar de 1 a 4 horas.

2 Quitar las hojas de albahaca antes de servir; colocar las fresas en un recipiente hondo para servir y bañar con el jugo; decorar con el resto de las hojas de albahaca y espolvorear un poco de pimienta negra.

Porciones *6* **Tiempo de preparación** *10 min más 1 hr para congelar*
Calorías *44* **Grasa** *en cantidades mínimas*

Postre
de ciruelas

- 115 g / 4 oz de harina
- 1 cucharadita de especias mixtas
- 55 g / 2 oz de mantequilla, congelada y cortada en cuadritos
- 55 g / 2 oz de azúcar blanca
- 510 g / 18 oz de ciruelas, en mitades y deshuesadas

1 Precalentar el horno a 180°C / 350°F. En un recipiente mezclar el harina y las especias; añadir la mantequilla y frotarla con los dedos contra el harina hasta formar moronas; añadir 25 g / 1 oz de azúcar.

2 En otro recipiente mezclar el resto del azúcar y las ciruelas (agregar azúcar al gusto si las ciruelas están un poco amargas); colocar la fruta en un recipiente (de 23 x 15 cm / 9 x 6 in) para horno y repartir las moronas encima de ésta.

3 Hornear de 40 a 45 minutos hasta que la fruta esté suave al perforarla con un cuchillo o la cubierta de moronas esté crujiente y dorada.

Nota: además de las ciruelas puede usarse manzanas, ruibarbos, moras o duraznos. Servir caliente o frío acompañado de crema o helado de vainilla.

Porciones *4* **Tiempo de preparación** *15 min*
Tiempo de cocción *50 min* **Calorías** *340* **Grasa** *7 g*

Pesos y medidas

Para convertir

Métrico	Imperial
5mm	1/4 in
1cm	1/2 in
2cm	3/4 in
2 1/2cm	1 in
5cm	2 in
10 1/2cm	4 in
15cm	6 in
20cm	8 in
23cm	9 in
25cm	10 in
30cm	12 in

métrico, tazas y cucharadas

Métrico	Tazas	Imperial
60ml	1/4 de taza	2 oz
80ml	1/3 de taza	2 1/2 oz
125ml	1/2 taza	4 oz
250ml	1 taza	8 oz

Métrico	Cucharadas
1 1/4ml	1/4 de cucharadita
2 1/2ml	1/2 cucharadita
5ml	1 cucharadita
20ml	1 cucharada

Líquidos métricos:

Métrico	Imperial	Tazas
30ml	1 oz	
55ml	2 oz	1/4 taza
85ml	3 oz	
115ml	4 oz	1/2 taza
150ml	5 1/4 oz	
170ml	6 oz	2/3 taza
185ml	6 1/2 oz	
200ml	7 oz	
225ml	8 oz	1 taza
285ml	10 oz	
370ml	13 oz	
400ml	14 oz	
455ml	16 oz	2 tazas
570ml	20 oz	
1Lt	35.3 oz	4 tazas

temperatura del horno

°C	°F
120	250
140	275
150	300
160	326
180	350
190	375
200	400
220	425
240	475
250	500

Para medir ingredientes secos

Métrico	Imperial
15g	1/2oz
20g	2/3oz
30g	1oz
55g	2oz
85g	3oz
115g	4oz
125g	4 1/2oz
140g	5oz
170g	6oz
200g	7oz
225g	8oz (1/2 lb)
255g	9oz
315g	11oz
370g	13oz
400g	14oz
425g	15oz
455g	16oz (1lb)
680g	1lb 8oz
1 kg	2.2lb
1 1/2 kg	3.3lb

Pan ciabatta: originario de Italia, es una hogaza grande de pan cuyo interior es blando y la costra es crujiente y delgada.

Pan naan: común en la India, es un pan hecho de harina con levadura natural.

Passata: es un concentrado de jitomate, se puede sustituir por puré de tomate.

5 especias: consiste en partes iguales de canela, clavo, semillas de hinojo, anís y pimientas de szechuan. Se adquiere en tiendas de comida asiática o en gourmets.

"Notas del chef"

Aderezo cajún: existen muchas variantes hoy en día. Es una mezcla que incluye ajo, cebolla, chile, pimienta negra, mostaza y apio.

Chiles secos: Son todos picantes, aunque los pequeños rojos son mucho más picantes que los grandes y de color pardo, rojo oscuro o negro. Tipos: california, nuevo mexico, ancho, pasilla, guajillo, cascabel, negros, chipotle, de árbol, piquín, mulato, etc. Muchos se pueden conseguir en polvo.

Cous cous: pasta de semolina granulada, proviene de la cocina del norte de África. Se consigue empaquetada y precocida en los supermercados de especialidades asiáticas o tiendas gourmet.

Crema de rábano: para su elaboración: ingredientes: crema, sal o limón (opcional), azúcar, rábano picante en polvo y vinagre (opcional). Batir bien la crema hasta que esté algo espesa, sazonarla con el limón, el rábano picante y el azúcar. Otro modo para prepararla es: batir la crema, la sal, el azúcar, el rábano picante y un poco de vinagre para obtener esta crema de rábano. ("Aderezo de raíz fuerte") Es un aderezo hecho de una raíz, es parecido al wasabi. Se vende embotellado.

Crème Fraîche: esta crema agria no se corta al calentarla, por lo que es ideal para hacer salsas cremosas. También se usa para botanas y postres. Modo de preparar: Calentar una taza de crema espesa a 100 °F, añadir una o dos cucharadas de crema agria, nata o yogurt natural; dejar reposar a temperatura ambiente durante 9 horas mínimo antes de refrigerar.

Índice